Recipe

Prep Time _____

Cook Time _____

Serves _____

Ingredients

Instructions

Notes

Recipe _____

Prep Time _____

Cook Time _____

Serves _____

Ingredients

Instructions

Notes

Recipe

Prep Time

Cook Time

Serves

Ingredients

Instructions

Notes

Recipe _____

Prep Time _____

Cook Time _____

Serves _____

Ingredients

Instructions

Notes

Recipe

Prep Time _____

Cook Time _____

Serves _____

Ingredients

Instructions

Notes

Recipe

Prep Time _____

Cook Time _____

Serves _____

Ingredients

Instructions

Notes

Recipe _____

Prep Time _____

Cook Time _____

Serves _____

Ingredients

Instructions

Notes

Recipe _____

Prep Time _____

Cook Time _____

Serves _____

Ingredients

Instructions

Notes

Recipe _____

Prep Time _____

Cook Time _____

Serves _____

Instructions

Ingredients

Notes

Recipe _____

Prep Time _____

Cook Time _____

Serves _____

Ingredients

Instructions

Notes

Recipe _____

Prep Time _____

Cook Time _____

Serves _____

Ingredients

Instructions

Notes

# Recipe _____

Prep Time _____

Cook Time _____

Serves _____

Ingredients

Instructions

Notes

Recipe

Prep Time _____

Cook Time _____

Serves _____

Ingredients

Instructions

Notes

Recipe _____

Prep Time _____

Cook Time _____

Serves _____

Ingredients

Instructions

Notes

Recipe

Prep Time _____

Cook Time _____

Serves _____

Ingredients

Instructions

Notes

Recipe _____

Prep Time _____

Cook Time _____

Serves _____

Ingredients

Instructions

Notes

Recipe

Prep Time _____

Cook Time _____

Serves _____

Ingredients

Instructions

Notes

# Recipe

Prep Time _____

Cook Time _____

Serves _____

Ingredients

Instructions

Notes

Recipe _____

Prep Time _____

Cook Time _____

Serves _____

Ingredients

Instructions

Notes

Recipe _____

Prep Time _____

Cook Time _____

Serves _____

Ingredients

Instructions

Notes

Recipe

Prep Time _____

Cook Time _____

Serves _____

Ingredients

Instructions

Notes

Recipe _____

Prep Time _____

Cook Time _____

Serves _____

Ingredients

Instructions

Notes

Recipe

Prep Time _____

Cook Time _____

Serves _____

Instructions

Ingredients

Notes

Recipe _____

Prep Time _____

Cook Time _____

Serves _____

Ingredients

Instructions

Notes

Recipe

Prep Time _____

Cook Time _____

Serves _____

Ingredients

Instructions

Notes

Recipe

Prep Time _____

Cook Time _____

Serves _____

Instructions

Ingredients

Notes

Recipe

Prep Time _____

Cook Time _____

Serves _____

Ingredients

Instructions

Notes

Recipe _____

Prep Time _____

Cook Time _____

Serves _____

Ingredients

Instructions

Notes

Recipe

Prep Time _____

Cook Time _____

Serves _____

Instructions

Ingredients

Notes

Recipe

Prep Time _____

Cook Time _____

Serves _____

Instructions

Ingredients

Notes

Recipe

Prep Time _____

Cook Time _____

Serves _____

Ingredients

Instructions

Notes

Recipe _____

Prep Time _____

Cook Time _____

Serves _____

Ingredients

Instructions

Notes

Recipe

Prep Time

Cook Time

Serves

Instructions

Ingredients

Notes

Recipe _____

Prep Time _____

Cook Time _____

Serves _____

Ingredients

Instructions

Notes

Recipe

Prep Time _____

Cook Time _____

Serves _____

Ingredients

Instructions

Notes

Recipe _____

Prep Time _____

Cook Time _____

Serves _____

Ingredients

Instructions

Notes

Recipe

Prep Time _____

Cook Time _____

Serves _____

Ingredients

Instructions

Notes

Recipe

Prep Time _____

Cook Time _____

Serves _____

Ingredients

Instructions

Notes

Recipe

Prep Time _____

Cook Time _____

Serves _____

Ingredients

Instructions

Notes

Recipe _____

Prep Time _____

Cook Time _____

Serves _____

Ingredients

Instructions

Notes

Recipe

Prep Time _____

Cook Time _____

Serves _____

Ingredients

Instructions

Notes

# Recipe

Prep Time _____

Cook Time _____

Serves _____

Ingredients

Instructions

Notes

Recipe

Prep Time _____

Cook Time _____

Serves _____

Ingredients

Instructions

Notes

Recipe _____

Prep Time _____

Cook Time _____

Serves _____

Ingredients

Instructions

Notes

Recipe

Prep Time _____

Cook Time _____

Serves _____

Ingredients

Instructions

Notes

Recipe

Prep Time _____

Cook Time _____

Serves _____

Ingredients

Instructions

Notes

Recipe

Prep Time _____

Cook Time _____

Serves _____

Ingredients

Instructions

Notes

Recipe _____

Prep Time _____

Cook Time _____

Serves _____

Ingredients

Instructions

Notes

Recipe

Prep Time _____

Cook Time _____

Serves _____

Ingredients

Instructions

Notes

Recipe

Prep Time _____

Cook Time _____

Serves _____

Ingredients

Instructions

Notes

Recipe _____

Prep Time _____

Cook Time _____

Serves _____

Ingredients

Instructions

Notes

Recipe _____

Prep Time _____

Cook Time _____

Serves _____

Ingredients

Instructions

Notes

Recipe

Prep Time _____

Cook Time _____

Serves _____

Ingredients

Instructions

Notes

Recipe

Prep Time _____

Cook Time _____

Serves _____

Ingredients

Instructions

Notes

Recipe

Prep Time _____

Cook Time _____

Serves _____

Ingredients

Instructions

Notes

Recipe

Prep Time _____

Cook Time _____

Serves _____

Ingredients

Instructions

Notes

Recipe

Prep Time _____

Cook Time _____

Serves _____

Ingredients

Instructions

Notes

Recipe _____

Prep Time _____

Cook Time _____

Serves _____

Ingredients

Instructions

Notes

Recipe

Prep Time _____

Cook Time _____

Serves _____

Ingredients

Instructions

Notes

Recipe

Prep Time _____

Cook Time _____

Serves _____

Ingredients

Instructions

Notes

Recipe

Prep Time

Cook Time

Serves

Ingredients

Instructions

Notes

Recipe _____

Prep Time _____

Cook Time _____

Serves _____

Ingredients

Instructions

Notes

Recipe

Prep Time _____

Cook Time _____

Serves _____

Instructions

Ingredients

Notes

Recipe _____

Prep Time _____

Cook Time _____

Serves _____

Ingredients

Instructions

Notes

Recipe

Prep Time _____

Cook Time _____

Serves _____

Ingredients

Instructions

Notes

Recipe

Prep Time _____

Cook Time _____

Serves _____

Ingredients

Instructions

Notes

Recipe

Prep Time _____

Cook Time _____

Serves _____

Ingredients

Instructions

Notes

Recipe _____

Prep Time _____

Cook Time _____

Serves _____

Ingredients

Instructions

Notes

Recipe

Prep Time _____

Cook Time _____

Serves _____

Ingredients

Instructions

Notes

Recipe

Prep Time _____

Cook Time _____

Serves _____

Ingredients

Instructions

Notes

Recipe

Prep Time _____

Cook Time _____

Serves _____

Ingredients

Instructions

Notes

Recipe _____

Prep Time _____

Cook Time _____

Serves _____

Ingredients

Instructions

Notes

Recipe

Prep Time _____

Cook Time _____

Serves _____

Instructions

Ingredients

Notes

Recipe _____

Prep Time _____

Cook Time _____

Serves _____

Ingredients

Instructions

Notes

Recipe

Prep Time _____

Cook Time _____

Serves _____

Instructions

Ingredients

Notes

Recipe _____

Prep Time _____

Cook Time _____

Serves _____

Ingredients

Instructions

Notes

Recipe

Prep Time
Cook Time
Serves

Ingredients

Instructions

Notes

Recipe

Prep Time _____

Cook Time _____

Serves _____

Instructions

Ingredients

Notes

Recipe

Prep Time _____

Cook Time _____

Serves _____

Ingredients

Instructions

Notes

Recipe _____

Prep Time _____

Cook Time _____

Serves _____

Ingredients

Instructions

Notes

Recipe

Prep Time _____

Cook Time _____

Serves _____

Ingredients

Instructions

Notes

Recipe _____

Prep Time _____

Cook Time _____

Serves _____

Ingredients

Instructions

Notes

Recipe

Prep Time _____

Cook Time _____

Serves _____

Ingredients

Instructions

Notes

Recipe

Prep Time _____

Cook Time _____

Serves _____

Ingredients

Instructions

Notes

Recipe

Prep Time _____

Cook Time _____

Serves _____

Ingredients

Instructions

Notes

Recipe _____

Prep Time _____

Cook Time _____

Serves _____

Ingredients

Instructions

Notes

Recipe

Prep Time _____

Cook Time _____

Serves _____

Ingredients

Instructions

Notes

Recipe _____

Prep Time _____

Cook Time _____

Serves _____

Ingredients

Instructions

Notes

Recipe

Prep Time _____

Cook Time _____

Serves _____

Ingredients

Instructions

Notes

Recipe _____

Prep Time _____

Cook Time _____

Serves _____

Ingredients

Instructions

Notes

Recipe

Prep Time _____

Cook Time _____

Serves _____

Ingredients

Instructions

Notes

Recipe _____

Prep Time _____

Cook Time _____

Serves _____

Ingredients

Instructions

Notes

Recipe

Prep Time _____

Cook Time _____

Serves _____

Ingredients

Instructions

Notes

Recipe _____

Prep Time _____

Cook Time _____

Serves _____

Ingredients

Instructions

Notes

Recipe

Prep Time _____

Cook Time _____

Serves _____

Ingredients

Instructions

Notes

Recipe _____

Prep Time _____

Cook Time _____

Serves _____

Ingredients

Instructions

Notes

Recipe

Prep Time _____

Cook Time _____

Serves _____

Ingredients

Instructions

Notes

Recipe _____

Prep Time _____

Cook Time _____

Serves _____

Ingredients

Instructions

Notes

Recipe

Prep Time _____

Cook Time _____

Serves _____

Ingredients

Instructions

Notes

Recipe

Prep Time _____

Cook Time _____

Serves _____

Ingredients

Instructions

Notes

Printed in Great Britain
by Amazon